참 잘했다,
그걸로 충분하다

일러두기

본문에 수록된 그림은 스페인의 인상주의 화가
호아킨 소로야(Joaquín Sorolla, 1863년~1923년)의 작품입니다.

나태주의
인생 시집 1

참 잘했다,
그걸로 충분하다

나태주 지음 | 김예원 엮음

니들북

정원에서의 낮잠
La siesta en el jardín
1904

부디 편안한 잠자리 꿈을 꾸고 일어나
내일도 하루 꿈꾸는 세상을 살길 바란다.

시인의 말

내가 시인으로 시를 발표하기 시작한 것은 1971년 〈서울신문〉 신춘문예에 당선된 뒤부터입니다. 따져보니 55년이란 긴 세월입니다. 그런 세월의 흔적으로 올해(2025년)에는 『나태주 시전집』(국학자료원)을 출간하기도 했습니다. 그동안 낸 시집을 총망라한 11권짜리 대형 시전집입니다.

이 시전집이 나오자, 지난번 『나태주의 풀꽃 인생수업』이란 예쁜 책을 출간한 니들북출판사에서 시선집 출간을 제안해 주었습니다. 독자들이 편안하고 가벼운 마음으로 시집을 읽고, 들고 다니기에도 편하고 좋은 시집을 내보자는 것이었습니다. 어떤 내용이 좋을까 고민하다가 이 시집을 읽는 독자를 특징지어 3권짜리 시선집을 새롭게 편집해서 출간하기로 했습니다.

나 스스로 시를 골라서 선집을 내는 작업은 그동안 여러 차례 해 보았으므로 이번에는 다른 방법을 찾아보기로 했습니다. 그것은 나의 시 일급 독자요 여러 차례 책을 같이 쓰기도 한 부산의 김예원 작가에게 시를 골라달라 부탁하는 것이었습니다.

그렇게 해서 출간하는 시집이 이번에 내는 시리즈 시집입니다.

책의 큰 범주를 '나태주의 인생 시집'으로 정하고 1권을 '청소년을 위한 시집', 2권을 '청춘을 위한 시집', 3권을 '마흔을 위한 시집'으로 정했습니다. 오늘날, 시가 가장 필요한 독자들이 바로 청소년이고 청춘들이고 사십 대 즈음을 사는 분들이 아닐까 싶어서입니다.

우선 이 시집은 청소년을 위한 시집입니다. 나는 일선 학교로 문학강연을 하러 다니면서 아주 많이 보고 느꼈습니다. 우리 청소년들이 얼마나 시를 좋아하고 필요로 하는지를 말입니다. 그런데 읽을만한 책이 많지 않다는 호소 앞에는 망연자실할 수밖에는 없었습니다.

모르겠습니다. 나의 이 작은 시집이 시에 목말라하는 우리 청소년들에게 좋은 읽을거리가 되어준다면 얼마나 좋을까요. 청소년 시기에 시를 읽으면서 자란 사람과 그렇지 않은 사람은 무엇이 달라도 다릅니다. 그야말로 속내 깊은 사람들이 되는 것입니다. 그렇게 청소년 시기의 시 읽기는 중요한 것입니다.

부디 나의 이 작은 시집이 사랑하는 이 땅의 우리 청소년들의 손에 자주 쥐어지고, 즐겁게 읽혀져 그들 인생의 동행이 되고 축복이 되고 위로가 되면서 그들의 인격 형성에도 도움이 되기를, 감히 소망해 봅니다.

2025년 가을
나태주 씁니다.

참 잘했다, 그걸로 충분하다
차례

006 시인의 말

1부
제가 가야 할 길을
아는 별이 있다

014 좋은 길
016 청소년을 위하여
020 삶
021 내가 마음을 열지 않으면
022 반성
023 앉은뱅이꽃
024 그것을 믿어야 한다
028 억지로
030 물음
031 인생
034 내가 자꾸만
036 한 번의 부끄러운 일을
037 네 손을 만지기보다는

038 길을 쓸면서
039 때로 사랑은
042 괜찮아
044 내가 너를 예쁘다고
048 되고 싶은 사람
050 풀꽃과 놀다
052 아무리 하찮은 것이라도
053 지상의 시간
056 새사람
058 어린 낙타
060 물오르는 나무 옆에서면
064 밤하늘에 반짝이는
065 아름다움
066 남들이 보는 데서 흘리는 눈물은
068 방관자
069 변명
072 스무 살 당신
074 정상
075 봄이 오는 길
078 주고서 아까와하는 것은
080 가난한 소망
082 빈자리

083 좋은 책
086 자기를 함부로 주지 말아라
088 말
089 가질 수 없어
090 길
091 저녁의 기도
094 한 번쯤
095 좋은 꽃
096 인생을 묻는 젊은 벗에게
100 많은 걸 알지 않아도
101 이편과 저편
102 놓치는 얼굴

———

**2부
지금이 인생에서
가장 좋은 날이다**

———

108 청춘을 위하여
110 어설픔
111 연필그림

112 좋은 때
116 저녁
118 흠집
120 5월 아침
124 어린 벗에게
126 내가 나를 칭찬함
127 다시 없는 부탁
130 흔들리며 어깨동무
132 꿈속의 꿈
134 아침에 일어나
138 직선은 불안하다
139 상생
142 사랑
143 아이와 작별
144 마스크 쓰고
145 어린이 날에
146 아무리 못생기고
147 촉
150 솔바람 소리
152 우리가 죽으면 별이 되리라
154 어제의 너
155 여보, 세상에

158 첨 본 아이
162 등불
164 가을과 함께
168 지구
169 굴
170 저 혼자 아름답다
171 오늘 퇴근하면은
174 세상 일이 하도 섭해서
175 익어가는 감알을
178 향기 없음이
179 너의 총명함을 사랑한다
180 나쁘지 않은 생각
182 그건 시간 문제
186 꽃
190 봉숭아
191 너는 귀가 조그만 아이
194 중학생을 위하여
196 누군가의 인생
198 사랑받는 사람
199 눈감는 시간

3부
이것은 다시 없는 부탁입니다

204 딸에게
205 아들에게 1
208 딸아, 고맙다
210 부모 마음
212 우리 어머니
216 가족
218 선배님
219 폭설
220 그 때까지만
224 1월 1일
226 변주
227 백 번
228 예쁜 너
232 전학 간 친구 그리워
234 내 마음속에 숨 쉬고 있는 당신
238 붉은 꽃 한 송이

240 통화
241 산
244 이 가을엔
245 어머니
248 새싹
249 어쩌면 좋으냐
250 겨울나무
251 선생님 생각
254 아들에게 2
256 마음만으로 그랬었는데
260 그대 마음 아프게 해줘서
261 애정
262 너는 흐르는 별
264 유월에
268 딸 1
269 시간은 우리를 기다려주지 않는다
270 오늘도 나는 사람들과 만나
274 숲에는
276 내 사랑은
280 새해의 소망
281 그냥 갑니다
282 아들아 멈추어다오

286 친구
287 아들에게 3
288 그리움이란 말
289 딸 2
290 세상에 나와 나는

292 엮은이의 말

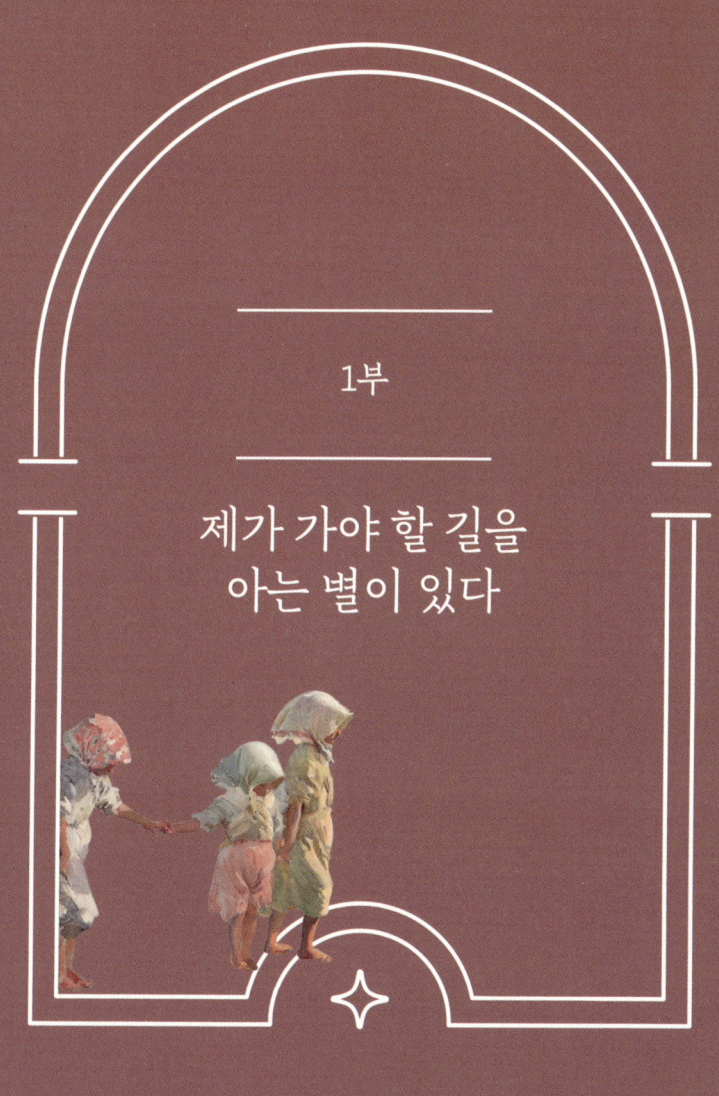

1부

제가 가야 할 길을
아는 별이 있다

좋은 길

하늘에는
좋은 길을 가는 별이 있다
제가 가야 할 길이
어떤 길인지 아는 별,
빛의 길이다

땅 위에도
좋은 길을 가는 사람이 있다
제가 살아야 할 삶이
어떤 삶인지 아는 사람,
초록의 길이다

아, 나도 오늘 좋은 길을
가고 싶다
빛의 길
초록의 길을 가고 싶다.

청소년을 위하여

모르면 몰라도
성공한 사람이란
청소년 시절 그가 가졌던 꿈
자기가 되고 싶었던
자기에 대한 생각을
평생 잊어버리지 않고
가슴속에 간직하면서 살아
나이 든 사람이 되었을 때
비로소 그 사람을 자기 안에서
만나는 사람일 거야
그 사람이 되기 위해
끊임없이 노력하는 사람일 거야

그래 너의 꿈은 무엇이니?
네가 되고 싶은 사람은
어떤 사람이니?
부디 그 사람을 나중에
너도 만나기 바란다
나도 지금, 그 사람을
만나러 가는 중이란다.

해변의 세 자매
Las tres hermanas en la playa
1908

삶

자기가 하고 싶은 일을 하면서
사는 삶이기를!

부디 다른 사람에게 비난받지 않는
그런 삶이기를!

더더욱 다른 사람에게 칭찬받는
그런 삶이기를!

나에게 빌고
너에게도 빈다.

내가 마음을 열지 않으면
사랑이여 조그만 사랑이여 59

내가 마음을 열지 않으면
흰 구름도 흰 구름이 아니요
꽃도 꽃이 아니다.

내가 마음을 비우지 않으면
새소리도 새소리가 아니요
푸른 하늘도 푸른 하늘이 아니다.

내가 인정하지 않는 한
한 폭의 아름다운 그림 같은
강물도 결코 그림이 될 수 없으며
사랑하는 사람도
사랑하는 사람이 될 수 없다.

반성

아니란 것을
알았으니
된 것이다

된다는 것을
알았으니
더욱 된 것이다.

앉은뱅이꽃

발밑에 가여운 것
밟지 마라,
그 꽃 밟으면 귀양간단다.
그 꽃 밟으면 죄받는단다.

그것을 믿어야 한다

별은 아슬하고 멀어서
가질 수 없고
가까이 갈 수도 없다

그렇다고 별이 없다고
말하거나 별이
소용없는 것이라
말해선 안 된다

가슴속에 별이 있는 사람과
별이 없는 사람은 전혀 다르다

적어도 가슴속에 별 하나 숨기고
그 별의 안내를 받으며
살아가는 사람의 삶은
달라도 무언가 많이 다르다

가슴속의 별을 따라가면서
살다 보면 언젠가는
그 자신 별이 되는 순간이 끝내
오고야 말 것이다

그것을 믿어야 한다
하늘이 흐리다 해서
별이 없다고 우겨서는
안 되는 일이다.

바닷가의 아이들
Niños a la orilla del mar
1903

발렌시아 해변의 두 소녀
Dos hermanas, Valencia
1904

억지로
중학생들에게

책 읽기 좋아하는 사람 애당초 없단다
억지로 읽다 보면 책 읽기 좋아하는
사람이 되기도 하고

착한 일 하기 좋아하는 사람 또한 없단다
억지로 착한 일 한두 번 해보면
착한 일 하는 사람 되기도 한단다

마찬가지로 이 세상은
천국이 아니고 사람은 누구나 천사가 아니란다
다만 세상이 천국이라고 믿고
살아가는 사람에게 때로 천국이 허락되고

천사로 살아야지 억지로 결심하고
억지로 천사처럼 살다 보면
다른 사람에게 천사로 보일 때도 있는 거란다
그건 나도 마찬가지란다.

물음

나는 무엇을 위해 살았는가?

내가 좋아하는 사람을 위해
내가 좋아하는 일을 위하여
내가 좋은 느낌을 좇아서

더러 나는 내가 좋아하는 사람
내가 좋아하는 일이나 느낌이
내게서 떠날까 봐 조바심하면서

사람 사는 일이 참
별것도 아닌 걸 압니다.

인생

애야, 너는 머리가
좋은 아이가 아냐

노력을 하니까
그만큼이나 하는 거야

어려서 외할머니
그 말씀이 나의 길이 되었다.

아스투리아스 해변의 엘레니타
Elenita en la playa, Asturias
1903

작은 돛단배
El balandrito
1909

내가 자꾸만
구름이여 꿈꾸는 구름이여 27

내가 자꾸만 아름다운 생각

즐거운 생각

맑고 고운 생각을 하면 할수록

세상도 따라서 아름답고 즐겁고

맑고 고운 세상이 되는 것이 아닐는지……

나의 생각들이

빛이 되고 노래가 되어서.

내가 자꾸만 어두운 생각

나쁜 생각

슬프고 아픈 생각을 하면 할수록

세상도 따라서 어둡고 나쁘고

슬프고 아픈 세상이 되는 것이나 아닐는지……

나의 생각들이
덫이 되고 어둠이 되어서.

한 번의 부끄러운 일을
사랑하는 마음 내게 있어도 67

한 번의 부끄러운 일을
덮으려다
두 번의 부끄러운 일을
만들고
돌아와 후회하니
또 한 번의 부끄러운 일이
되고 말았습니다.

네 손을 만지기보다는
사랑이여 조그만 사랑이여 17

네 손을 만지기보다는
네 손을 만지고 싶어 하는
내 마음만을 아끼고 싶었다.

네 머리칼을 쓸기보담은
네 머리칼을 쓸어주고 싶어 하는
내 마음만을 더 좋아하고 싶었다.

너를 안아주기보다는
너를 안아주고 싶어 하는
내 마음만을 나는 더 가지고 싶었다.

네 입술에 눈빛에 입맞춤하기보다는
네 입술에 눈빛에 입맞춤하고 싶어 하는
나의 마음만으로 나는 더 행복해지고 싶었다.

길을 쓸면서

길을 쓸면서
마음도 함께 쓴다

이제는 누구도 이곳에 함부로
쓰레기를 버리지 못하겠지
담배꽁초를 던지거나
침을 뱉을 때에도
눈치를 보고 망설이고 그러겠지
동네 개들까지도 이곳을
조심하며 지나갈 거야

길을 쓸면서
세상의 마음까지 함께 쓴다.

때로 사랑은

때로 사랑은 같은 느낌을 갖는다는 것
함께 땀 흘리며 같은 일을 한다는 것
정답게 손을 잡고 길을 걷는다는 것

그것에 더가 아닙니다

때로 사랑은 서로 말이 없이도
서로의 가슴속 말을 마음의 귀로
알아들을 수 있다는 것

그보다 더 좋을 게 없습니다.

꽃을 든 이탈리아 소녀
Chica italiana con flores
1886

모래에 그리기
Dibujando en la arena
1911

괜찮아

괜찮아 서툴러도 괜찮아
서툰 것이 인생이란다
조금쯤 틀려도 괜찮아
조금씩 틀리는 것이 인생이란다
어찌 우리가 모든 걸
미리 알고 세상에 왔겠니!
아무런 준비도 없이
세상에 온 우리
아무런 연습도 없이
하루하루 사는 우리
경기하듯 연습을 하고
연습하듯 경기하란 말이 있단다

우리 그렇게 담담하게
하루하루 순간순간을 살자
틀려도 괜찮아
조금쯤 서툴러도 괜찮아.

내가 너를 예쁘다고
구름이여 꿈꾸는 구름이여 55

내가 너를 예쁘다고 생각하는 건
이미 내 안에 너를 닮은
예쁜 생각과 느낌이 숨어살고 있었기 때문이다.

내가 너를 보고 사랑스러움을 느꼈다면
이미 내 마음 안에 그런
사랑스런 모습과 느낌이 숨어서 자라고 있었기 때문이다.

누군가를 사랑해 보라.
세상 모든 것들은
사랑스러운 것으로
아름답고 빛나는 것으로
보일 것이다.

그래서,
세상 모든 것들이
사랑하는 사람의 모습으로 변할 것이다.

목욕 후, 발렌시아
Después del baño, Valencia
1909

내가 너를 예쁘다고 생각하는 건,
이미 내 안에 너를 닮은
예쁜 생각을 품고 있었기 때문일 것이다.

되고 싶은 사람

너는 커서 무엇이 될래?
무엇 하는 사람이 될 거니?
어른들은 나만 보면
귀찮게 물어요

엄마 아빠 아는 어른들은
더욱 그렇게 물어요
그럴 때마다 나는
대답을 못해요

내가 되고 싶은 사람을
나는 아직 정하지 못했거든요
마땅히 되고 싶은 사람이
나에겐 아직 없기도 하구요
나는 혼자서 생각해 봐요

내가 되고 싶은 사람은
어떤 사람일까?

나는 그냥 사람 같은 사람이
되고 싶어요
그냥 내가 되고 싶어요.

풀꽃과 놀다

그대 만약 스스로
조그만 사람 가난한 사람이라 생각한다면
풀밭에 나아가 풀꽃을 만나보시라

그대 만약 스스로
인생의 실패자, 낙오자라 여겨진다면
풀꽃과 눈을 포개보시라

풀꽃이 그대를 향해 웃어줄 것이다
조금씩 풀꽃의 웃음과
풀꽃의 생각이 그대 것으로 바뀔 것이다

그대 부디 지금, 인생한테
휴가를 얻어 들판에서 풀꽃과
즐겁게 놀고 있는 중이라 생각해 보시라

그대의 인생도 천천히
아름다운 인생 향기로운 인생으로
바뀌게 됨을 알게 될 것이다.

아무리 하찮은 것이라도
막동리 소묘 70

아무리 하찮은 것이라도 내 편에서 먼저
마음을 열지 않으면 저들도 마음을 열지 않는다.
소중한 것을 저들에게 주었을 때에만 비로소
저들도 나에게 소중한 것을 조금씩 나누어준다.

지상의 시간

지상의 모든 시간은
사람을 기다려주지 않는다

기차도 사람을 기다려주지 않고
계절도 꽃도 사람을 기다려주지 않고
내 앞에 앉아서 웃고 있는 너도
나를 기다려주지 않는 것은 마찬가지

어찌할 텐가?

더욱 열심히 살고
더욱 열심히 사랑할 밖에는
달리 길은 없다.

등대 산책, 비아리츠
Paseo del faro. Biarritz
1906

새사람

새해 새날입니다
어제 뜬 해 다시 뜨지만
새해 새날입니다

어찌 새해 새날입니까?
새 마음 새로운 생각이니
새해 새날입니다

삼백예순다섯 개
우리 앞에 펼쳐질
디딤돌이거나 징검다리

그 많은 날들을
우리는 하나하나 정성으로
건너가야 합니다

그리하여 삼백예순다섯 날
모두 보낸 다음 스스로
말할 수 있어야 합니다

잘했다 참 잘했다
그것으로 충분했다
후회가 없어야 합니다

새해 새날입니다
새로운 마음 새로운 생각
우리 모두 오늘은 새사람입니다

어린 낙타

날마다 네 마음속
어린 낙타 한 마리를 깨워
길을 떠나라
아직은 어린 낙타이니
그의 등에 올라타지는 말고
옆에 서서 함께 걸어라
낙타가 걸으면 걷고
낙타가 쉬면 쉬고
낙타가 바라보는 곳을
따라서 바라볼 일이다
때로는 낙타가 뜯어먹는
낙타 풀도 먹어야 하겠지만
부디 입술이나 잇몸에서
피가 나지 않도록 조심해라

네 마음속 어린 낙타 한 마리가
너의 스승이며 이웃이며
처음이자 마지막
길동무임을 잊지 말아라.

물오르는 나무 옆에서면
변방 39

물오르는 나무 옆에서면
누군가의 순한 목소리가 들린다.
새잎 나는 나무 옆에서면
누군가의 순한 얼굴빛이 떠오른다.

아무에게든 고개 숙일 만하거든 고개 숙이라.
아무에게든 무릎 꿇을 만하거든 무릎 꿇으라.
네 마음 줄 만하거든 네 가진 것을 줄 것이며
결코 망설이지 말라.
남의 마음을 아프게 하지 말며
잘난 체 뽐내지 말며
얼굴빛을 거짓되이 착하게 꾸미지도 말라.
그렇게 살지 않아도
네 앞의 날들은 짧고 짧으니라.

물오르는 나무 옆에서면 때때로
크고 부드러운 목소리가 듣고 싶어진다.
다정하고 따뜻하고 겸허한 얼굴빛이
보고 싶어진다.
아 그래서, 나무 옆에서면 나도
크고 부드러운 목소리,
다정하고 따뜻하고 겸허한 얼굴빛,
그것이고 싶어진다.

네 마음을 줄 만하거든 네 가진 것을 줄 것이며
결코 망설이지 마라.

물놀이하고 나오며, 발렌시아
Saliendo del baño. Valencia
1915

밤하늘에 반짝이는
변방 65

밤하늘에 반짝이는
별들만 별이랴?

깊은 밤 잠 안 자고
책을 읽는 젊은 애들
눈빛도 별빛이지.

그것도
한 사람 앞에 두 개씩
꺼지지 않는 이 땅 위의
별빛이지.

아름다움
구름이여 꿈꾸는 구름이여 54

놓일 곳에 놓이게 하여 주옵소서.
쓰여야 할 곳에 쓰이게 하여 주옵소서.
뿌리내려야 할 곳에 뿌리내리게 하여 주옵소서.
그리하여,
꽃 필 때를 알아 꽃피우는 나무이게 하여 주옵소서.

남들이 보는 데서 흘리는 눈물은
변방 38

남들이 보는 데서 흘리는 눈물은
정말로의 눈물이 아닙니다.
남들이 알게 우는 울음은
정말로의 울음이 아닙니다.

아무도 모르게 아무도 모르게
골방에 혼자 숨어 흘리는 눈물이
정말로의 눈물입니다.
산속에 혼자 들어가 우는 울음이
정말로의 울음입니다.

나무만 알게
바위만 알게
하늘의 별들만 듣게
몰래몰래 흘리는 눈물이
남몰래 우는 울음이
정말로의 눈물이요,
정말로의 울음입니다.

짜디짠 소금의 사랑이여,
찝찔한 순금의 슬픔이여,
남이 알까 혼자 울음 울게 하소서.
남이 볼까 혼자 눈물 흘리게 합소서.

방관자

나는 보지 않았다고
듣지 않았다고
말하지 말라
나는 그 자리에 없었다고
모르는 일이라고
말하지 말라
실은 나도 그 자리에 있기는 있었다고
나도 알기는 알고 있었다고 차라리
솔직히 말하라
모두 내 탓이라고
그러나 나는 비겁했을 뿐이라고
말하라.

변명

나는 우리 집 골목길이 어두운 것을
별로 탓하지 않는다
골목길이 어두우므로
빛나는 달과 별을 볼 수 있기 때문

나는 우리 동네가 번화하지 않는 것을
오히려 다행으로 여긴다
번화하지 않으므로
새 소리 풀벌레 소리 물 소리 들을 수 있기 때문

나는 우리 동네 사람들이 잘 살지 못하는 것을
별로 안타깝게 생각하지 않는다
우리 동네 사람들은 가난하므로
서로 이웃끼리 정답게 지낼 수 있기 때문.

사라우츠 해변의 모래밭에서
Sobre la arena, playa de Zarauz
1910

산 비센테 후미에 있는 엘레나
Elena at Cala de San Vicente
1919

스무 살 당신

어린아이가 아니다 청소년도 아니다
이제는 당당한 어른
어깨가 무겁고 발길이 또 무겁다

그러나 스무 살 당신
당신은 지금 당신 인생의 희망이며 최정점이며
가장 빛나는 보석이며 동시에 꽃이다

그걸 알았으면 가라, 세상 속으로 가라
세상 속으로 가서 세상에 물들지 말고
세상에 휩쓸리지 말고
차라리 세상 그것이 되라

스무 살 당신이 이기지 못하면
그 누구도 이기지 못한다
그 어떠한 당신도 이기지 못한다

무엇보다 당신을 이겨라
당신을 참아내고
당신의 열정을 이기고 소망을 이겨라

차라리 세계 속으로 가라
가서 또 다른 당신을 찾아내라 만나라
모래밭 사막 속으로 낙타 되어서 가라.

정상

누구나 일생에 한번은 정상에 서기 마련,
그러나 정상에선 가던 길을 잃게 된다.
하늘까지는 길이 나 있지 않기 때문이다.
거기서부터 그는 허공을 쪼아 계단을 놓아야 한다.

봄이 오는 길

높은 분이라도 서울서
내려오시는 겁니까?
어제부터 연이틀
소방차까지 동원해
멀쩡한 바닥을 닦고 쓸고 하는
한심하기 짝이 없는 사람들
할일 없는 사람들
아니지요 아니지요
봄이 오신대요
며칠만 있으면 봄님이 오신대요
그래서 봄이 오시는 길을
말끔히 치우고 있는 거래요
그러면 그렇겠지 아암 그렇겠지.

가장 아깝고 소중한 것은 자기 자신이다.

알카사르의 무도장
Corte del las Danzas, Alcázar
1910

주고서 아까와하는 것은

주고서 아까와하는 것은
준 것이 아닙니다
주고서 억울해하는 것은 더욱
준 것이 아닙니다.
주고서도 홀가분해하는 것이
정말로 준 것입니다
주고서도 오히려 기뻐하는 것이
더욱 준 것입니다
작은 것이지만 남에게 베풀고서
기뻐할 줄 아는 사람은 이미
작은 것을 베풀고 더욱
큰 것을 상으로 받는 비밀을
아는 사람입니다

그가 가꾸는 샘물에서
한 두레박의 물을 퍼냄으로
두 두레박의 물을 대신 고이게
할 줄을 아는 사람입니다.

가난한 소망
원이를 위하여

오늘도
힘들게 힘들게 하루가 갔다
지구를 두 팔로 안아 들어 올리듯
힘들게 힘들게 하루를 보냈다

그건 아마 너도 그랬을 터
뱃멀미 거센 파도와 바람 무릅쓰고
먼바다 흔들리는 먼바다 나가
얼마나 많은 고기를 잡아왔을까

그렇지만 아이야
잡은 고기가 비록 많지 않고
이룬 일 비록 많지 않아도
하루를 마음 조려 무사히
잘 보낸 것만 우선 고마워하자

지금은 또다시 저녁
어둠이 우리의 피곤한 몸과 마음
감싸안아 쉬게 한다
쉬어라 쉬어라 타일러준다

밤이 가면 다시금
해가 뜨고 새아침
다시 잠에서 깨어 배를 타고
세상 깊숙이 떠나가야지
그것이 오늘은 옹색한 대로
우리의 소망이고 꿈이다.

빈자리

누군가 아름답게
비워둔 자리
누군가 깨끗하게
남겨둔 자리

그 자리에 앉을 때
나도 향기가 되고
고운 새소리 되고
꽃이 됩니다

나도 누군가에게
아름답고 깨끗하게
비워둔 자리이고 싶습니다.

좋은 책

좋은 책을 많이 읽은 날은
밥을 먹지 않아도 배가 부릅니다.

정원에서
En el Jardín
1896

자베아의 조개
Concha de Jávea
1900

발렌시아 해변의 소녀
Niña en la playa de Valencia
1908

자기를 함부로 주지 말아라

자기를 함부로 주지 말아라
아무것에게나 함부로 맡기지 말아라
술한테 주고 잡담한테 주고 놀이한테
너무 많은 자기를 주지 않았나 돌아다보아라

가장 나쁜 것은 슬픔한테 절망한테
자기를 맡기는 일이고
더욱 좋지 않은 것은 남을 미워하는 마음에
자기를 던져버리는 일이다
그야말로 그것은 끝장이다

그런 마음들을 거두어들여
기쁨에게 주고 아름다움에게 주고
무엇보다도 사랑하는 마음에게 주라
대번에 세상이 달라질 것이다

세상은 젊어지다 못해 어려질 것이고
싱싱해질 것이고 반짝이기 시작할 것이다

자기를 함부로 아무것에나 주지 말아라
부디 무가치하고 무익한 것들에게
자기를 맡기지 말아라
그것은 눈 감은 일이고 악덕이며
인생한테 죄짓는 일이다

가장 아깝고 소중한 것은 자기 자신이다
그러므로 보다 많은 시간을 자기 자신한테
주는데 주저하지 말아야 할 일이다
그것이 날마다 가장 중요한
삶의 명제요 실천 강령이다.

말

하루 종일 버리고 버린 나의 말
사람들 가슴에 던지고 던진 나의 말

비수가 되지 않았기를
쓰레기가 되지 않았기를

더러는 조그만 꽃씨 되어
싹이 틀 수 있기를.

가질 수 없어

가질 수 없어
갖지 않는 것은
갖지 않는 것이 아니다
가질 수 있어도
갖지 않는 것이 정말로
갖지 않는 것이다.

길

물은 제 갈 길을 간다

사람이 길을 만들어줘도
물이 가는 길은
빠른 길이다
곧은 길이다

세상 일들도 마찬가지

사람들의 뜻과는 달리
세상 일들이 가는 길은
급한 길이다
질러가는 길이다.

저녁의 기도

네 몸과 마음을 비우라
그러면 더 좋은 것으로 채워주리라
그러나 오늘도 나는
몸과 마음을 비우지 못하고 살았습니다

네 값진 것이 있으면 아낌없이 남에게 주라
그러면 더 값진 것으로 채워주리라
그러나 오늘도 나는
값진 것을 남에게 주지 못하고 살았습니다

천천히 생각하고 행동하라
그러면 모든 것이 순조롭고 아름다우리라
그러나 오늘도 나는
천천히 생각하고 행동하지 못했습니다.

비아리츠 해변의 마리아 혹은 역광
María en la playa de Biarritz o Contraluz
1906

한 번쯤
별곡집 65

남이 가진 것에 반하기보다는 한 번쯤
제가 가진 것에 우선 반해볼 일이다.
남을 두려워하기보다는 한 번쯤
제 스스로를 우선 두려워해볼 일이다.

좋은 꽃

나빠지면 얼마나 더
나빠지겠나
고개를 들었을 때
꽃이 되었고

좋아지면 얼마나 더
좋아지겠나
고개를 숙였을 때에도
꽃이 되었다

더 좋은 꽃이 되었다.

인생을 묻는 젊은 벗에게

인생이란 무엇인가?
어떻게 사는 인생이 좋은 인생인가?
제대로 아는 사람이 몇이나 되고
답을 말해줄 사람 몇이나 될까?

인생이 무엇인지 알지 못해도
사람들은 지금까지 좋은 인생을 살다 갔고
앞으로도 사람들은 좋은 인생을
살다 갈 것이다

그야말로 인생은 무정의용어
그냥 인생이면 인생인 바로 그것
하루하루 열심히 살아보는 거다

슬퍼할 일을 슬퍼하고
기뻐할 일을 기뻐하고
괴로워할 일을 괴로워하면서
순간순간을 정직하게
예쁘게 살아보는 거다

그러다 보면 저절로
인생이 인생다워지고
인생이 무엇인지 알게 되지 않을까!

인생이 무엇인지 묻는 젊은 벗이여
인생은 그냥 인생
인생은 그냥 너 자신
열심히 살아보자
삶 그것이 그대로 인생이 아니겠는가.

기쁨과 아름다움,
무엇보다 사랑하는 마음에 나를 주면
세상은 젊어지다 못해 어려질 것이고,
싱싱해질 것이고 반짝이기 시작할 것이다.

창가의 발렌시아 여인
Valenciana a la reja
1908

많은 걸 알지 않아도
막동리 소묘 135

많은 걸 알지 않아도 부끄러움이 없고
여러 곳을 돌아보지 않아도 목마름이 없다면
얼마든지 고운 세상을 살 수 있는 일이다.
아무한테도 상처받지 않고 비웃음 당하지 않고.

이편과 저편

세상을 살다 보면
세상 이편에서
세상을 구경하면서 살 때가 있고
세상 그것이 되어 살 때가 있다

세상을 구경하며 살 때는
건너다보는 세상이 부럽고
세상이 되어 살 때는
세상을 구경하며 살 때가 그립다

그러나 두 가지 세상 모두가
아름다운 것이고 좋은 것이란 것을
우리는 잠시 잊고 살 뿐이다.

놓치는 얼굴

사람에게는 누구나
놓치는 얼굴이 있다
자기도 모르게 놓쳐서
새가 되고 돌멩이가 되고
화살이 되는 얼굴이 있다

누구의 얼굴은 놓치는 순간
순한 초식동물이 되고
누구의 얼굴은 놓치는 순간
매서운 맹금류나 육식동물의
얼굴이 되는 걸 보기도 했다

날마다 내가 놓치는 나의 얼굴은
어떤 얼굴일까?
날마다 살면서 그것이 나에게
가장 큰 문제다.

해변의 아이들
Niños en el mar
1909

자베아에서의 목욕
El baño, Jávea
1905

2부

지금이 인생에서
가장 좋은 날이다

청춘을 위하여

힘들지?
힘들었지?
힘들었을 거야

내 사랑이
너의 힘듦을
조금이라도
덜어줄 수만 있다면
얼마나 좋을까?

안아줄 수도 없는
안타까움
바라보기에도 힘든
안쓰러움

조금만
기다려보라는 말도
차마 건넬 수 없어
다만 네 발밑에
무릎을 꿇는다.

어설픔

끝내 길들여지지 않는
너의 수줍음
너의 어설픔

언제나 배시시 웃을 뿐인
너의 절반웃음
그것을 사랑한다

결코 길들여지지 않기로 하는
너의 수줍음이 순결이다
한결같이 떫은 표정

너의 어설픔이 새로움이다
얘야, 부디 길들여지지 말거라
누구한테든 길들여져서는 안 된다.

연필그림

검정색 속에
붉은색이 들어 있고
하얀색 속에
초록색이 숨 쉬고 있다고 믿는다

노랑색도 하늘파랑
꽃자주 바다군청 새싹연두
모든 색깔이 숨어있다고 생각한다

그래, 거기에 따뜻한 상상
머나먼 꿈이 있다
원시가 산다.

좋은 때

지금이 네 인생에서
가장 좋은 때
그런데 너만 그걸 모르지
그럴 거야
정작 좋은 때는
그게 좋은 때인 줄
몰라서 좋은 때인 거야
사랑하는 사람 있으니 좋고
네 사랑받아 주는 사람 있으니
그 얼마나 좋아
더구나 너의 사랑
순결하니 좋고
너의 사랑받아 주는 사람
어리고 어리니 더욱 좋은 일
의심하지 말아라

더 좋은 사랑 꿈꾸지 말아라
너는 새로 솟아나는
풀잎이거나
새로 피어나는 꽃잎이거나
아침 상쾌한 하늘
높이높이 솟구치는 새들의 날개
그 같은 생명, 생명들의 어울림
의심하지 말아라
더 좋은 때를 바라지 말아라
이만큼 보기에도 더없이
네가 좋아 보인다.

바닷속 아이들, 발렌시아 해변에서
Niños en el mar, playa de Valencia
1908

저녁

누군가 커다란 책의 낡은 한 페이지를
넘기려 하고 있다
누군가 근심스런 눈빛으로 이쪽을
바라보고 있다

그러나 걱정하지 말라
잠이 급한 자는 잠들 것이요
잠이 먼 자는 깜깜한 밤 속에서도
빛나는 별빛을 꿈꿀 것이요 더하여
달빛을 보기도 할 것이다

운이 좋으면 또다시 커다란 책의
새로운 페이지가 열리는 것을
보기도 할 것이다

싸아 하니 햇빛은 다시 살아나고
강물은 흘러 소리를 되찾을 것이요
들판 위에 새들은 지저귀며
추운 밤 집이 없어 후회했던 일들을
또다시 잊어도 좋을 것이다.

흠집

물건이라도 새로 산 것에는
마음이 가지 않듯이
조금씩 흠집이 생기면서
물건과 친해지듯이

우리의 몸도 마찬가지
어딘가가 아프거나
망가졌을 때 비로소
사람의 몸으로 돌아온다

요즘 나는 절름발이 신세
몇 년 전 산행 길에 다친
발목이 재발해서다

허지만 나는 요즘 모처럼
나의 몸이 마음에 든다
흠집 난 나의 몸이 정말로 나의
몸같이 느껴지기 때문이다.

5월 아침

가지마다 돋아난
나뭇잎을 바라보고 있으려면
눈썹이 파랗게 물들 것만 같네요.

빛나는 하늘을 바라보고 있으려면
금세 나의 가슴도
바다같이 호수같이
열릴 것만 같네요.

돌덤불 사이 흐르는
시냇물 소리를 듣고 있으려면
내 마음도 병아리 떼같이
종알종알 노래할 것 같네요.

봄비 맞고 새로 나온 나뭇잎을 만져보면

손끝에라도 금시

예쁜 나뭇잎이 하나

새파랗게 돋아날 것만 같네요.

줄넘기

Saltando a la comba, La Granja
1907

어린 벗에게

그렇게 너무 많이
안 예뻐도 된다

그렇게 꼭 잘하려고만
하지 않아도 된다

지금 모습 그대로 너는
충분히 예쁘고

가끔은 실수하고 서툴러도 너는
사랑스런 사람이란다

지금 그대로 너 자신을
아끼고 사랑해라
지금 모습 그대로 있어도
너는 가득하고 좋은 사람이란다.

---

* 언제쯤 네가 실수가 더욱 진실하고 아름다울 수 있다는 것을 알게 될까?
 실수도 너의 인생이고 서툰 것도 너의 인생이란 것을 부디 잊지 말아라.

내가 나를 칭찬함

오늘도 흰 구름을 보고 나는
흰 구름이 아니라고 억지로
우기지 않았음

오늘도 풀꽃을 만나 나는
너를 알지 못한다
얼굴 돌려 외면하지 않았음

이것이 오늘 내가 나를 진정
칭찬해주고 싶은 항목임

당신도 부디 오늘 당신 자신을
칭찬해주시기 바란다.

다시 없는 부탁

부디 앓지 말고 더는
늙지 않기를 바래요

욕심이야 하루하루
버리며 사는 게 좋다지만
희망까지 버려서는
안 될 일이겠지요

이것이 다시 없는
부탁이에요.

두 자매

Las dos hermanas
1909

당신도 부디 오늘 당신 자신을
칭찬해주시기 바랍니다.

흔들리며 어깨동무

너무 힘들어하지 마
내가 네 곁에 있잖아
너무 슬퍼하지 마
내가 네 숨소리 듣고 있잖아

네가 한숨을 쉴 때
내가 네 곁에서 함께
한숨 쉬고 있다는 걸
부디 잊지 말아줘

포기는 나쁜 것
어떠한 경우에도
포기해서는 안 돼
포기는 안 돼
너무 괴로워하지 마
내가 네 곁에 있잖아
흔들리며 어깨동무
우리가 함께 가고 있잖아.

꿈속의 꿈

하루의 고달픈 일과를 접고
지금쯤 꿈나라에 가 있을 아이야
부디 꿈속에서 좋은 세상
만나기 바란다

보고 싶은 사람 보고
하고 싶은 일 하고
걱정 없이 웃고 춤추고
노래하기만 하렴
무거운 신발 벗고 맨발로
구름 위를 걷기도 하렴

우리들 세상의
하루하루 날들 또한 꿈
부디 편안한 잠자리
꿈을 꾸고 일어나
내일도 하루 꿈꾸는
세상을 살기 바란다.

아침에 일어나

세상의 평가가 어떻든
바깥세상의 결정이 어떻든
스스로 혼자서 안으로 행복하고
자기 할 일을 하겠다는 너의 결정
참으로 대담하고 훌륭해
바로 그거야
네가 드디어 찾아낸 너의 삶의 방법을
나는 전적으로 찬성하고 지지해
끝까지 응원할 거야
수정처럼 맑고도 아름다운 너의 영혼이
혼자서 외롭지만 당당하게
멀리까지 가는 모습을 보고 싶어
그리하여 끝내 네가 바라는 성공을
만나는 순간을 보고 싶어
너는 참 사랑받을 만한 사람이야

그럴 자격이 있는 사람이야
내가 너를 사랑하기를 잘했구나 싶어
네가 오늘도 아름답게 씩씩하게
당당하게 앞으로 걸어가는 모습이
눈에 보이는 듯해
참으로 믿음직하고 고마워
너는 나의 사랑뿐만 아니라
더 많은 사람들의 사랑을 받을 거야
사람들뿐만 아니라 하늘도 땅도 너를
사랑해 줄 것이고
나무나 풀들, 바람이나 새들까지도
너를 응원하고 사랑해 줄 거야
너를 만나기만 하면 강물이나 바다까지도
너를 안아주고 사랑해 줄 거야
자, 오늘은 새날, 그리고 너는 새사람
너의 오늘 하루 오늘의 시간들
그 모든 것들을 축복하며 기뻐한다.

돛 바느질
Cosiendo la vela
1896

직선은 불안하다

직선은 불안하다
구부러질까 봐
불안하다

그러나
곡선은 편안하다
더 구부러져 보았자 여전히
곡선이기에 그렇다.

상생

나한테 좋은 것이면
너에게도 좋고

너한테 좋은 것이면
나에게도 좋다

더 이상 해답은 없다.

목욕 후

Después del baño
1902

물 항아리
El botijo
1904

사랑

목말라 물을 좀 마셨으면 좋겠다고
속으로 생각하고 있을 때
유리컵에 맑은 물 가득 담아
잘람잘람 내 앞으로 가지고 오는

창밖의 머언 풍경에 눈길을 주며
그리움의 물결에 몸을 맡기고 있을 때
그 물결의 흐름을 느끼고 눈물
글썽글썽한 눈으로 나를 바라보아주는

어떻게 알았을까, 그는
한 마디 말씀도 이루지 아니했고
한 줌의 눈짓조차 건네지 않았음에도.

아이와 작별

그래 오늘 나도
네가 예뻐서 좋았다
그래 나도
네가 좋아해서 더 좋았다

그런데 말이다
밥 잘 먹고 잠 잘 자고
더 건강 씩씩해야만 된다
알았지? 정말 알았지?

마스크 쓰고

그렇게 바라보지 말아라
그렇게 예쁜 이마
그렇게 맑은 눈으로
이쪽을 바라보지 말아라
세상은 그렇게
예쁜 것도 아니고
세상은 또 그렇게
맑은 것만도 아니란다
너의 맑은 이마
고운 눈썹
깨끗한 눈빛이
나를 자꾸만 두렵게 슬프게
만든단다.

어린이날에

엄마 없는 우리 어진이
올해로 만 나이 다섯 살
엄마 없이도 3년이나
씩씩하게 자라준 우리 어진이

같이 놀아줄 할머니 있어서 좋겠다
일요일이면 기다려주는 외할머니 있어서
좋겠다
멀리서 바라보고 웃어주는
할아버지 외할아버지 있어서 좋겠다

누구보다도 날마다 목욕시켜주고
옷 갈아입혀 주고 뽀뽀해주고
같이 잠을 자주는
아빠가 있어서 좋겠다.

아무리 못생기고
막동리 소묘 73

아무리 못생기고 미련퉁이인 아이들이라도
저희 부모네에겐 귀엽고 사랑스럽다는 사실,
우리네 인생은 덤으로 에누리로도 어쩔 수 없다는 사실,
그런 하찮은 것들이 때로 나를 머리 숙이게 한다.

촉

무심히 지나치는
골목길

두껍고 단단한
아스팔트 각질을 비집고
솟아오르는
새싹의 촉을 본다

얼랄라
저 여리고
부드러운 것이!

한 개의 촉 끝에
지구를 들어 올리는
힘이 숨어 있다.

해변의 장난꾸러기들
Pillos de playa, Valencia
1899

솔바람 소리

얘 이제 오니?
험한 길 조심해서 다녀라.
하던 중 더 잘 해라.

언제나 후줄근히 땀에 젖어
돌아오기 마련인 나의 등 뒤에서
고향의 언덕 위에서
솔바람 소리는 또 그렇게 자애로우신
우리의 어머니,
어머니의 어머니의 어머니.

땅속에 들어서도 잠들지 못하는
그분들의 노심초사.

내 어려서 솔바람 소리 들으며 자랐다.
솔바람 소리 들으며 푸르렀다.
내 이제 솔바람 소리 들으며 나이를 먹는다.
솔바람 소리 들으며 늙어갈 것을 생각는다.

우리가 죽으면 별이 되리라
그대 지키는 나의 등불 13

우리가 죽으면 별이 되리라
세상에서 가난하고 슬프게 살았지만
아름다운 생각
사랑하는 마음
잃지 않고 살았으니
별이 되리라

너의 별은
너처럼 야무지게 입 다문
작은 별
나의 별은
너를 위해 수박등인 양
빛나는 떨기별

우리가 다시 태어나면 별이 되리라
세상에서 외롭고 춥게 살았지만
사랑하는 마음
아름다운 생각
잃지 않으려고 애쓰며 살았으니
별이 되리라.

어제의 너
할 말이 너무 많아 말을 삼킨다

얼마나 네가 예뻤는지
얼마나 네가 사랑스러웠는지
너는 차마 몰랐을 거다

하늘이 내려다보았겠지
나무들이 훔쳐보고
바람도 곁눈질로 보았겠지

너는 그냥 그대로 가을꽃
맑은 바람에 피어 있는
가을꽃 한 송이였단다.

여보, 세상에
병상일지

여보, 세상에 많은 기쁨이
우리를 기다리고 있다고
생각하지 맙시다.

그렇다고 여보, 세상에는 슬픔과 괴로움만
우리를 기다리고 있다고
생각지도 맙시다.

그저 덤덤히 사는 거요.
될 수 있는 대로 무덤덤히
그저 사는 거요.

발렌시아 해변의 한낮
Playa de Valencia, mediodía
1904

첨 본 아이

작은 문장 한 구절에도
문득 눈물 글썽이는 아이야
네 눈물 많음
여린 마음으로 어찌
거친 세상 물굽이를
넘어갈까

하지만 아이야
네 눈물 많음과 여린 마음이
끝내 거친 세상 파도를
이기는 마음이고
보이지 않는 힘이란 걸
언젠가는 알 때가 있을 것이다

눈물은 슬퍼서 괴로워서만
흘리는 것이 아니라
기뻐서 감동을 받아서도
흘리는 마음의 보석이란 걸
너는 충분히 알 거다

오늘 첨 만난 아이야
너의 눈물 많음
여린 마음을 사랑한단다
저녁에 집 찾아
잘 돌아가기 바란다.

해변에서의 아이들
Niñ os en la playa
1899

아이야,
네 눈물 많음과 여린 마음이
끝내 거친 세상 파도를
이기는 마음이고
보이지 않는 힘이란 걸
언젠가는 알 때가 있을 것이다.

등불

1
사람은 누구나
자기의 등불이 있습니다

저승서부터 데리고 왔거나
태어날 때
어머니가 쥐여주셨을 등불

몸이 아플 때나 잠들 때에도
머리맡에 켜놓고
끄지 않았던 등불

그 등불이 사람을
이끌고 갑니다
밀림 속 세상에
길을 열어서 나아가게 합니다.

2

어머니, 저는 오늘 또다시
길을 잃었습니다
발길은 자주 어두워지고
시야는 도처에서 떨립니다

그러나 어머니, 저는
제 마음이 더욱 헐벗고
행색이 더욱 초라해지길
허락합니다

가난한 마음일 때 등불은
더욱 밝게 타오름을 제가
알기 때문입니다

행색이 초라한 사람 손에
들려진 등불일수록 더욱
멀리까지 비쳐짐을
믿기 때문입니다.

가을과 함께
구름이여 꿈꾸는 구름이여 59

가을과 함께
가을바람과 함께 너는
얼굴의 밝은 웃음을 잃어버렸다.
너의 눈빛은 무언가에 쫓기는 듯
초조하고 불안하다.

무슨 일이 네게 일어난 것일까?
봄과 여름에 보던 그 싱그럽고 풋풋한
너의 모든 것은 어디에서도 찾아볼 수 없다.

자존심이 조금 상했을 뿐이에요.
그래서 방황하고 있는 거예요.
나는 네 자존심이 왜 상했는지 모른다.
어떻게 하면 상한 네 자존심의
날개를 일으켜 세우는지 그 방법을 알지 못한다.

다만 내가 네 자존심을 상하게
만들지 않았길 바랄 뿐이다.

봄과 여름 동안
우리 앞에 타오르던 흰 구름이여,
아름답고 빛나는 속살을
자랑하던 흰 구름이여,
가을과 함께 구름은 벌써
푸르스름 빛이 바랬나 보다.

물놀이하고 나오며
Saliendo del baño
1908

물놀이 시간, 발렌시아
La hora del baño. Valencia
1909

지구

지구는
하나의 꽃병

꽃 한 송이 꽂으면
밝아오고

물 한 모금 뿌려주면
더욱 밝아오지만

꽃 한 송이 시들면
금방 어두워진다

지구는 하나의
조그만 꽃병.

귤

시장바닥에 흐드러지게 나와 팔리는
귤을 보면 슬퍼진다
옛날에 그 귀하던 것이 저러이
혼전만전 나와 푸대접을 받고 있구나
저것들을 키운 농부의 노고는 오죽했으며
저것들을 팔기 위해 떨고 있는
아주머니의 추위는 또 얼마나 모진 것이랴.
더구나 저것들을 키운
제주도의 햇볕들은 얼마나 또
빛나고 눈부셨으랴.

저 혼자 아름답다
구름이여 꿈꾸는 구름이여 60

꽃은 칭찬해주지 않아도
저 혼자 아름답다.

너는 사랑해 주지 않아도
깨끗한 영혼을 가지고 있다.

이미 꽃은
저 혼자의 아름다움만으로도
차고 넘치기 때문이요,

이미 너는
너 혼자의 영혼만으로도
깨끗하고 충만하기 때문이다.

오늘 퇴근하면은

오늘 퇴근하면은
초등학교 3학년 다니는
큰아이
업어주어야겠다
그 녀석 몸집이 더 커지면
힘이 부쳐 못 업어줄 테니
아직 어릴 때
몸집이 작을 때
한 번이라도 더
업어주어야겠다.

비아리츠의 석양
Atardecer, Biarritz
1906

꽃은 칭찬해주지 않아도
저 혼자 아름답다.

세상 일이 하도 섭해서
그대 지키는 나의 등불 37

세상 일이 하도 섭해서
그리고 억울해서
세상의 반대쪽으로 돌아앉고 싶은 날
아무도 모르는 곳으로
숨어버리기라도 하고 싶은 날
내게 있었소
아무한테서도 잊혀지고 싶은 날
그리하여 소리 내어 울고 싶은 날
참 내게는 많이 있었소.

익어가는 감알을
별곡집 5

익어가는 감알을 보고 있노라면
슬픔은 참 맑고도 고운 것이란 생각이 든다.
하기사 봄부터 여름까지 우리들의 불면과
기다림과 울음이 여기 와 감알로 영글었음에랴!

너의 꾸밈 없음과 꿈 많음을 사랑한다.

오후 햇볕을 쬐며 목욕하는 아이들
Niños en la playa. Sol de Tarde
1910

향기 없음이

향기 없음이 오히려 향기로와라.
사람 없는 곳에 숨어서 울며
생면부지의 사람들 틈에 묻혀서 산다.
끝끝내 아무한테도 들키지 않은 돌멩이 하나.

너의 총명함을 사랑한다
사랑이여 조그만 사랑이여 56

너의 총명함을 사랑한다.
너의 젊음을 사랑한다.
너의 아름다움을 사랑한다.

너의 깨끗함을 사랑한다.
너의 꾸밈 없음과
꿈 많음을 사랑한다.

너의 이기심도 사랑해 주기로 한다.
너의 경솔함도 사랑해 주기로 한다.
그리고 너의 유약함도 사랑해 주기로 한다.
너의 턱없는 허영과
오만도 사랑하기로 한다.

나쁘지 않은 생각

어렸을 때 아주 어렸을 때 나는
내가 어여쁜 꽃송이 하나거나
조그만 나무 하나라고 생각하던 때 있었다

내가 꽃을 피우면 하늘도 땅도
따라서 꽃을 피우고
내가 푸르러지면 나무나 풀도
따라서 푸르러진다고 믿던 때 있었다

자라면서 그 꽃송이와 나무는 사라졌지만
적어도 나에게는 나를 떠받쳐주는
커다란 보이지 않는 손이 하나 있어
나를 따라다닌다고 믿고 있다

어제 저녁만 해도 그렇다
빙판에서 넘어졌을 때 다치지 않은 건
그 커다란 손이 나를 받아줘서
그렇다고 믿는다
그다지 나쁘지 않은 생각이다.

그건 시간 문제

너는 세상이 좋아서
세상에 온 아이

사람을 좋아하고
꽃을 좋아하고
맑은 하늘 구름을 좋아하고
여행을 좋아하는 아이

기다리렴
조금만 더 기다리렴

조금만 더 기다리면서
사람을 좋아하고
꽃을 좋아하고
맑은 하늘 구름을 좋아하렴
그리고 여행을 좋아하렴

그러다 보면
세상이 너를 사랑하고
꽃이 너를 사랑하고
하늘과 구름과 여행이 너를
사랑해 줄 거야

그건 시간 문제야
암 시간문제고 말고
너 같은 아이를 사랑해 주지 않고
누구를 사랑해 주겠니.

목욕 시간
La hora del baño
1904

오늘 우리는 새로이 만나고
오늘 우리는 새로이 반짝인다.

꽃

누군가 이 시간 당신을
사랑하는 사람이 있다고 생각하면
살맛이 날 것이다

어딘가 이 시간 당신을 위해
기도하는 사람이 있다고 생각하면
더욱 살맛이 날 것이다

더구나 당신이 세상으로부터
사랑받는 사람이라고 생각한다면
드디어 당신은 꽃이 될 것이다

팡! 터져버리는 그 무엇
알 수 없는 은은한 향기, 그것은
쉬운 일이기도 하고
어려운 일이기도 하다.

소로야의 집 안뜰
Patio de la Casa Sorolla
1917

봉숭아

길가에 봉숭아 꽃 피었구나
다가가 그 옆에 쪼그리고 앉는다

힘들었지? 올여름 나기
참말 힘들었지?
나도 힘들었단다

봉숭아가 새빨간 입술을 달싹이며
무슨 말인가 하려고 한다
그래, 알았다 알았어

봉숭아 씨앗 주머니를 탁!
터뜨려준다.

너는 귀가 조그만 아이
구름이여 꿈꾸는 구름이여 56

너는 귀가 조그만 아이다.
그러므로 너를 사랑하고 있는 동안 나의 세상은
조그만 세상이 될 것이다.

너는 맑은 눈빛과 깨끗한 영혼을 가진 아이다.
그러므로 너를 사랑하고 있는 동안 나의 세상은
맑고 깨끗한 세상이 될 것이다.

너는 웃음 소리가 귀엽고 웃는 얼굴이 복스러운 아이다.
그러므로 너를 사랑하고 있는 동안 나의 세상은
귀엽고 복스러운 세상이 될 것이다.

바다를 따라 달리기
Corriendo por la playa, Valencia
1908

중학생을 위하여

하루에 세 번씩 반성하고
세 번씩 자신을 꾸중하라는 말씀은
오래전 옛말이다

오히려 하루에 세 번씩
자기가 한 일들을 돌아보고
세 가지를 칭찬하라

나는 오늘도 밥을 잘 먹었다
학교에 결석하지 않고 나왔다
친구들이랑 다투지 않았다

정이나 칭찬할 것이 없으면
네 굵고도 튼튼한 다리를
칭찬하라

그 다리로 하여 너는
대지를 굳게 딛고 서 있는 것이고
멀리까지 갈 수도 있는 것이다

이 얼마나 장한 일이냐!
이러한 생각 속에서
너의 세상이 달라질 것이다.

누군가의 인생

어딘지 모르고 가고
누군지 모르고 만나고
무슨 일인지도 모르고 하는 일들

그래도 우리의 하루하루는
엄중한 날들
오직 하나뿐인 인생

너 자신을 아껴라
너 자신을 위로하고
칭찬하고 또 껴안아주라

할 수만 있다면
10년 뒤의 너 자신의 모습을
가슴에 품고 살아라

그러다 보면 어느 사이엔가
10년 뒤에 네가 되고 싶은
너 자신이 될 것이다

이것이 너의 인생이고
나의 인생
우리들 모두의 날마다의 삶이다.

사랑받는 사람

내가 너 많이 사랑하는 줄
너도 알지?

어떤 경우에도 너 자신을
아끼고 사랑하기 바란다

곱고도 여린 너의 몸과 마음
상할라 지칠라 걱정이란다.

눈감는 시간

아들아
소리 내어 울지 마라
울 힘이 있거든
그 힘으로 용서해라
그리고 너 자신 편안해져라
그것이 비로소 평화이고
사랑이고
인생의 완성이란다.

조개잡이, 발렌시아 해변
Buscando Mariscos, Playa de Valencia.
1907

3부

이것은 다시 없는
부탁입니다

딸에게

내 사랑 내 딸이여 내 자랑 내 딸이여
오늘도 네가 있어 마음속 꽃밭이다
오! 네가 없었다 하면 어쨌을까 싶단다

술 취해 비틀비틀 거리를 거닐 때도
네 생각 떠올리면 정신이 번쩍 든다
고맙다 애비는 지연紙鳶, 너의 끈에 매달린.

아들에게 1

너의 행복이 나의 행복은 아니지만
너의 불행은 분명 나의 불행이란다
부디 잘 살아야지
부디 많이 사랑하고
부디 많이 부드러워져야지
내려놓을 것이 있으면 내려놓고
참을 수 없는 것도 때로는 참아야지
기다릴 만큼 기다려야지
세상을 늘 새롭게 바라보고
작은 일도 감사와 감동으로 받아들여라
굳이 사랑한다는 말은 하지 않으마
많이 너를 생각하고 걱정한단다
이것만은 알아다오.

집시여인 페피와 그녀의 딸
Pepilla la Gitana y su hija
1910

바실 먼디의 초상
Retrato de Basil Mundy
1908

딸아, 고맙다

딸아이만 생각하면 지금도
가슴이 조그마해지고 푸른
물기가 돌고 생기가 돈다

딸아이만 생각하면
나 자신이 금세 어린 사람이 되고
젊은 시절의 나로 돌아간다

젊은 아빠,
날마다 고달프고 힘들었지만
딸아이 생각 가슴에 안고서
한 걸음만, 그래
한 걸음만, 스스로 달래며 살던
나 자신이 된다

딸아이는 마음의 보석
어둡고 답답한 인생의
하늘에 뜬 별빛
바람 부는 날의 풍향계

딸아, 고맙다
네가 있어서 내 가난한 인생이
오래 좋았단다.

부모 마음

부모 마음이 다 그래
다른 사람 아이 아니고
내 아이기 때문에
안 그래야지 생각하면서도
생각과는 다르게 속이 상하고
말이 빠르게 나가고
끝내는 욱하는 마음

아이를 몰아세우고
아이를 나무라고
나중에 아이가 잠든 걸 보면
내가 왜 그랬을까
후회되는 마음

새근새근 곱게 잠든 모습 보면
더욱 측은한 마음
사람은 언제부터 그렇게
후회하는 마음으로 살았던가
측은한 마음으로 버텼던가

부모 마음이 다 그래
그래서 부모가 부모인 것이고
자식이 자식인 게지
그게 또 어길 수 없는
소중한 사랑이고
고귀한 약속이고 그럴 거야.

우리 어머니

내가 힘들 때
가장 마음 아파하는 사람
누구일까요?
어머니 어머니 우리 어머니

내가 좋았을 때
나보다 더 좋아하는 사람
누구일까요?
어머니 어머니 우리 어머니

세상 사람들 모두가
나를 버리고 돌아설 때도
오직 한 사람 내 편을 들어주시고
나를 모른다 하지 않으실 분

그러지 말아라
저한테 그러지 말아라
나를 위해 울어주시는
세상에서 오직 한 분

어머니 어머니 같이 가요
이 세상 목숨 있는 날까지
어머니 가슴에 묻고
우리 같이 가요.

여자 어부와 그녀의 아들
Pescadora con su hijo, Valencia
1908

가족

한 사람이 앉아 있는 방 안으로
한 사람이 들어와 앉는다
먼저 앉아 있던 사람이 자리를 고쳐 앉는다
그래도 방 안은 하나도 좁아지지 않는다

또 한 사람이 들어와 앉는다
먼저 앉아 있던 두 사람이 다시
자리를 고쳐 앉는다
여전히 방 안은 하나도 좁아지지 않는다

아무도 말이 없다
서로는 말 없는 서로의 말을 알아듣는다
누구도 답답하다고 느끼지 않는다
한 사람이 힘이 부치는지 기우뚱 몸을 숙이자
옆에 있던 사람이 말없이 기울어지는
몸을 받아 안아주기도 한다

이윽고 날이 저물고 방 안이 어두워졌지만
마음은 여전히 환하고 따스하다
다만 한 지붕 아래 한 솥에서 지은 밥상 위에
때로는 한 이불 속에.

선배님

정말로 좋은 보석은
오래 몸에 지녀도
변하지 않는 물건이어야 하고

정말로 좋은 우정은
오랜 세월 견뎌도
변하지 않는 마음이어야 한다는데

오늘 그 우정과 보석을
당신에게서 봅니다.

폭설

하늘한테 무슨
억울한 일 답답한 일
폭폭한 일 있었던가

도무지 울음을
그치려 하지 않네

아침에도 울고
점심때도 울고
저녁에도 울고

어제 시작하여 오늘까지
그치지 않는 울음
예전에 아주 예전에.

그 때까지만

오해하지 마
나는 네 편이 아니야
네 사람도 아니야
다만 네가 좋아 네 곁에 있는 거야
귀엽게 웃는 너의 얼굴이 좋고
맑고 푸른 네 목소리가 좋아 네 옆에 있는 거야
언제라도 흰 구름이 더 맘에 들면 흰 구름한테로 떠날 거야
언제라도 나무가 좋으면 나무 곁으로 돌아갈 것이고
꽃이 좋으면 또 그렇게 할 거야

오해하지 마

나는 결코 네 편이 아니야

오히려 나는 흰 구름의 편이고 나무들 편이고 꽃들의 편이야

다만 네가 좋아 이렇게 잠시 네 곁에 머물 뿐이야

언제라도 흰 구름이 내가 필요하다고 손짓하고

나무나 꽃들이 나를 오라고 눈짓하면 그쪽으로 떠날 거야

오해하지 마.

그래서,
세상 모든 것들이
사랑하는 사람의 모습으로 변할 것이다.

타마린드 나무 아래
bajo los tamarindus

1월 1일

화분에 물을 많이 주면 꽃이 시들고
사랑도 지치면 사람이 떠난다

말로는 그리 하면서
억지를 부리고 고집을 세우고
뭐든 내 맘대로 해서
미안했다 네게 잘못했다

새해의 할 일은
너의 생각을 조금만 하는 것
너에게 말을 적게 하고
사랑 또한 줄이는 것

그리하여 너를 멀리 멀리
놓아 보내는 일
너에게 날개를 달아주는 일

잘 가라 잘 살아라
허공에 날려 보낸
풍선을 보면서 빈다.

변주

사랑을 가졌어요
좋은 일이지요

사랑을 하고 있어요
축하할 일이지요

세상이 대번에 달라지고
빛나기 시작할 거예요

사랑을 숨겼어요
귀여운 시절이지요

사랑을 하고 싶어요
희망이란 말의 동의업니다.

백 번

예전엔
밤길에서 사람이
짐승을 만나는 것이
두렵다 그랬는데 이제는
사람이 사람을 만나는 것이
백 번 두렵다.

예쁜 너

사람은 언제 예쁜가?

자기가 좋아하는 사람
자기를 믿어주는 사람
앞에 있을 때 예쁘다

마음 놓고 웃을 때 예쁘고
마음 놓고 말할 때
더욱 예쁘다

너는 언제 예쁜가?

네가 좋아하는 사람 앞에
있을 때 예쁘고
내 앞에서도 가끔은 예쁘다

너를 예쁘다고 생각하므로
가끔은 나도
예쁜 사람이 되기도 한다.

전원시, 자베아
Idilio, Jávea
1900

나는 아직 너보다 더 예쁜 꽃을 본 일이 없단다.

전학 간 친구 그리워

한 송이 제비꽃
새파란 꽃잎 속에는
전학 간 친구 얼굴이
나를 보고 웃고 있어요

친구야 친구야 나의 친구야
전학 갈 때 내 손을 잡고
울먹이던 나의 친구야

너 없이 나 혼자서
오고 가는 학교 길
봄이 오니 친구가
더욱더 보고 싶어요

한 송이 민들레
샛노란 꽃잎 속에는
떠나간 친구 모습이
나를 보고 알은체해요

친구야 친구야 나의 친구야
전학 갈 때 웃는 네 얼굴
데리고 간 나의 친구야

오늘은 나 혼자서
오고 가는 학교 길
꽃이 피니 친구가
더욱더 그리워져요.

내 마음속에 숨 쉬고 있는 당신

혼자서 멍하니 앉아 있는 시간이
요즘 많이 늘었습니다
아무것도 생각하지 않는 때가 많아졌습니다

당신이 내 마음속에 들어와 살게 된 것은
얼마나 감사한 일이고 다행스런 일인지요?
그야말로 복받은 일이지요

내 마음 밖으로 나가려고 그러지 말아요
그냥 조용히 숨 쉬고만 있으면 돼요

이제는 하늘에 솟는 흰 구름도
당신 숨소리를 받아 두둥실 솟아오르고
푸르른 산도 당신 소망을 받아 저토록
푸르고 높게 솟아오르는 거라고 말하고 싶습니다

바람 소리 새소리 또한 이제는
당신 목소리를 닮아 곱게 우는 거겠지요
부디 내 마음 밖으로 나가려고 그러지 마셔요.

조금은 손해 보는 삶을
생각해 보리라 이 가을엔.

정원에서의 아내와 나의 딸들
Mi mujer y mis hijas en el jardín
1910

붉은 꽃 한 송이

나 외롭게 살다가 떠날 지구에
너라도 있어서 얼마나 좋은지 몰라

나 쓸쓸히 지구를 떠나는 날
손 흔들어줄 너 한 사람이라도 있어서
얼마나 감사한지 몰라

나 지구를 떠나더라도 너 오래
푸르게 예쁘게 살다가 오너라

네가 살고 있는 한 지구는
따뜻하고 푸르고 꽃이 피어나는
생명의 별

바람 부는 지구 위에 흔들리는
너는 붉은 꽃 한 송이.

통화

자면서도 나는
그대에게 전화를
걸고 있습니다

그대 생각만으로 살았다고
내일도 그대 생각 가득할 것이라고

자면서도 나는
그대로부터 전화를
받고 있습니다.

산

모반과 미움으로 칼을 품은 사람들에게도
그는 미소와 용서를 잊지 않는다.

아스투리아스, 산 에스테반 데 프라비아의 들판
Prado De Asturias, San Esteban De Pravia
1903

이 가을엔

조금은 손해 보는 삶을
생각해 보리라 이 가을엔
다른 사람들이 나에게 잘못한 일보다는
내가 다른 사람에게 잘못한 일이 없었나
다른 사람 마음 아프게 해준 일은 없었나
조금은 천천히 걸으며 숨 쉬며
뒤돌아보리라 이 가을엔
지난 여름 나의 편협 나의 아집
나의 성급함과 나의 속단
장롱 속에 눅진 옷가지들을 꺼내어
햇볕에 말리우듯
그것들을 꺼내어 말리우리라
이 가을엔.

어머니

세상에서 가장 좋은 이름

세상에서 가장 아름다운 말

세상에서 가장 커다란 느낌

어머니, 어머니
소리 내어 부를 때마다

가슴이 콱 막혀오고
두 눈에 눈물이 고인다

나만 그런 게 아니다.

어머니,
소리 내어 부를 때마다
가슴이 콱 막혀오고
두 눈에 눈물이 고인다.

어머니
Madre
1895

새싹

봄비가 씨앗의 문을 두드렸다
나야 나
이제 잠을 깰 때야
그래서 내가 하늘나라에서 찾아왔어

바람이 씨앗의 몸을 매만져 주었다
나야 나
이제 자라야 할 때야
그래서 내가 먼 나라에서 찾아왔어

새싹은
봄비와 바람의 말을 알아듣고
숨을 크게 쉬며 몸을 키워
풀이 되기도 하고 나무가 되기도 한다.

어쩌면 좋으냐

보고 싶은 것이
사랑인 줄 모르면서
사랑을 했다

목소리 듣고 싶은 것이
사랑인 줄 모르면서
사랑을 했다

그리고서 또다시 오늘
너를 보고 싶어 하고
너의 목소리 듣고 싶어 한다

이런 나를
어쩌면 좋으냐!

겨울나무

분노가 힘이라면
사랑도 힘이고
용서는 더욱 큰 힘입니다

나무여
겨울나무여

나뭇가지에 주렁주렁
얼어서 은은한
옥구슬 소리를 내는
별들이 열리는 날

용서의 칼날을
빌려주십시오 부디.

선생님 생각

내가 어려서 초등학교 1학년 때 담임이셨던 전갑도 선생님. 책을 읽히다가 모처럼 잘 읽는 아이가 생기면 냅다 그 아이를 들쳐 업고 교실을 한 바퀴 삐잉 돌면서 '책을 읽으려면 아무개같이 읽으려무나 너희들은 모두 아무개를 본받아야 하느니라' 콧노래 비슷한 소리를 흥얼거리던 전갑도 선생님. 아이들은 선생님 등에 한 번 업혀 보고 싶어서 더욱 책을 열심히 읽어 오곤 했었지. 세월 보낼수록 선생님 생각, 요즘 세상에 어디 애들 업어주는 선생님이 그리 흔할까? 나이 먹을수록 선생님 그리운 생각.

발렌시아 농장 일꾼 옷차림의 마리아
María vestida de labradora valenciana
1906

엄마와 딸, 발렌시아 해변
Madre e hija. Playa de Valencia
1916

아들에게 2

아들아
바닷가에 나가
파도가 왜 이리 거세냐고 화를 내거나
파도를 나무랄 일은 아니다
오히려 네가 그 시간 그 장소에
온 것에 대해서 뉘우치고
화를 내려면 너 자신에게 그래야 한다
바람이 거세게 옷자락을 잡고 흔드는 것도
모래바람이 귓불을 후리는 것도
마찬가지다
문제의 해결은 언제나 어디까지나
네 안에 있음을 부디 잊지 말아라
그래야 길이 열린다

길은 밖에서 열리는 길보다
안에서부터 열리는 길이
보다 좋은 길이고 정말로의
길임을 부디 잊지 말아라
땅에 넘어진 자 땅을 짚고 일어나라!
기독교 신자라지만 부처님 그 말씀 하나 믿고
나도 젊은 시절 어려운 날들
고비를 잘 건너지 않았겠느냐.

마음만으로만 그랬었는데

나는 당신에게 줄 것이 별로 없으면서
당신에게 무엇인가
주고 싶었습니다

나는 가진 것이 별로 없으면서
당신에게 무엇인가
가지고 있는 체했습니다

그런데도 당신은 내게서
많은 것을 받았다고
말합니다

그런데도 당신은 나를
많은 것을 가진 부자라고
생각합니다

받은 것이 별로 없는데
받은 것이 많다고 말하는 당신이
참으로 행복한 사람입니다

가진 것이 별로 없는 날더러
부자라고 말하는 당신이
참으로 부자인 사람입니다.

산세바스티안 풍경

Paisaje de San Sebastián
1911

나는 가진 것이 별로 없으면서
늘 당신에게 무언가를 주고 싶었습니다.

그대 마음 아프게 해줘서
그대 지키는 나의 등불 36

그대 마음 아프게 해줘서
미안했소
그렇지만 나라고
마음 안 아팠던 건 아니오.

애정

내게 힘이 있다면
그대 옆에 서 있어 주는 일뿐이요,
내게 사랑이 있다면
그대를 위해 눈물을 흘려주는 일뿐입니다.

너는 흐르는 별

너는 흐르는 별
나도 또한 흐르는 별

어제 간 곳을 오늘 또
지나친다 말하지 말자

어제 만난 것들을 오늘 또
만난다 생각 말자

비록 어제 간 길을 가고
어제 본 산과 들과 나무들을 보며
어제 만난 너와 내가 다시 만나지만

어제의 너와 나는 죽고
어제의 산과 들과 나무는
더불어 죽고

오늘의 너는 새로이 태어난 너
오늘의 나는 새로이 눈을 뜬 나

오늘 우리는 새로이 만나고
오늘 우리는 새로이 반짝인다

너는 흐르는 별
나도 또한 흐르는 별.

유월에

말없이 바라
보아주시는 것만으로도 나는
행복합니다

때때로 옆에 와
서 주시는 것만으로도 나는
따뜻합니다

산에 들에 하이얀 무찔레꽃
울타리에 덩쿨장미
어우러져 피어나는 유월에

그대 눈길에
스치는 것만으로도 나는
황홀합니다

그대 생각 가슴속에
안개 되어 피어오름만으로도
나는 이렇게 가득합니다.

자베아 바위 위의 클로틸데와 엘레나
Clotilde y Elena en las Rocas, Jávea
1905

울지 마라 아이야
울지 마라

딸 1

울지 마라 아이야
아버지 일찍 떠나보내고
울고 있는 어린 딸아이보다 더
안쓰러운 모습이 어디에 있으랴
울지 마라 아이야
네가 너무 울면 아버지
가던 길 뒤돌아보느라
가지 못한단다.

시간은 우리를 기다려주지 않는다

사랑하는 사람이 눈앞에 있을 때
친구여 우리는
사랑하는 사람에게
사랑한다고 말하지 않으면 안 된다
슬픈 마음이 있을 때
친구여 우리는
사랑하는 사람에게
슬프다는 말을 남겨 두지
않으면 안 된다
외로운 마음이 있을 때
친구여 우리는
사랑하는 사람과
정답게 손을 잡지 않으면 안 된다
친구여 시간은 언제까지나
우리를 기다려주지 않는다네.

오늘도 나는 사람들과 만나
사랑하는 마음 내게 있어도 32

오늘도 나는 사람들과 만나 상처를 입고
나를 지키는 일에 실패하고 말았습니다
나의 조그만 성채는 여지없이 허물어지고
나의 내부 풍경은 사람들한테 짓밟혔습니다
구름도 그러한 나를 눈흘기고 갑니다
바람도 비웃고 갑니다
몇 번을 가동치고 곤추세웠지만
모두 다 놓치고 말았습니다
모두 다 들키고 말았습니다
나무들도 그러한 나를 어리석다 그럽니다
풀들도 나약하다 그럽니다
나는 또다시
맥없이 풀린 빈 주먹
떨리는 두 다리로
남았을 뿐입니다

어찌하면 좋습니까,
어찌하면 좋습니까,
이런 때 그대여 내 안에 들어와
주인이 되어 주십시오
나를 지켜 주십시오.

알시라의 오렌지 나무
Naranjos de Alcira
1904

숲에는
그대 지키는 나의 등불 14

숲에는 사람보다 많은
낙엽이 떨어져 있었다
그 중 한 잎을 집어들어
그대라고 생각하고
가슴에 품었다

하늘에는 사람보다 많은
별들이 빛나고 있었다
그 중 한 별을 가리키며
그대라고 속삭이며
가슴에 숨겼다

낙엽은 이미
낙엽이 아니고
별은 이미
별이 아니었다.

내 사랑은
변방 15

내 사랑은 미움으로 시작되고
미움으로 싱싱해진다.

미운 사람은 나에게
세상 살맛을 부추겨준다.

미운 사람이 있기에 나는
세상에서 숨을 쉴 이유를 가진다.

미운 사람이 세상에 살아남아 있을 때까지는
나는 결코 눈을 감아서는 안 된다.

미운 사람아,
우리 따뜻한 손을 잡지 않으련!
너와 나의 마음이 지상에서 꽃이 되는 날
우리는 나란히 죽어 하늘로 가 별이 될 것이다.

해변의 아이들

Chicos en la playa
1910

친구여 시간은 언제까지나
우리를 기다려주지 않는다네.

새해의 소망

새해에 새날에도
받는 사람이기보다는
주는 사람이기를 바랍니다

새해 새날에도
찡그린 얼굴이기보다는
웃는 얼굴이기를 소망합니다

내 앞에 있는 당신
내가 사랑하는 당신
당신이 사랑하는 사람인 나

새해 새날에도
오래 오래 내 앞에서 당신
웃고 있기를 기도합니다.

그냥 갑니다
구름이여 꿈꾸는 구름이여 58

선생님
저 왔다가
그냥 갑니다.

실은 나도 네가
한 번쯤 들러주었으면 했었는데
그러면서도 자리를 비웠었는데

나 없을 때 와서
빈 자리를 지키다 가면서
적어 놓은 쪽지,

'선생님,
저 왔다가 못 뵙고
그냥 갑니다.'

아들아 멈추어다오

아들아 이제 그만 그쯤에서
멈추어다오
지금 네가 가고 있는 길은
들길이나 산길이나
오솔길도 아니고
어둠의 길 낙망의 길 낭떠러지 길이다
네가 지금 보고 있는 빛은
진짜의 빛 생명의 빛이 아니고
그 반대의 빛이다
아들아 그만큼 그 자리에서
멈춘 발길을 돌려다오
밖으로 나와 시원한 바람을 쏘이고
초록의 세상을 보아라
작지만 크고 가난하지만 넉넉한
세상이 바로 그 세상이다

너의 어리석음을 굳이 나무라지는 않으마
지금까지의 오류를 탓하지도 않으마
인생에서 지름길 빠른 길은 절대로 없다
시작이 있으면 끝이 있는 법
어디쯤 어느 때쯤인가 인생은
끝나게 되어 있고
짧은 한 편의 연극같이 언젠가는
막이 내리게 되어 있다
하지만 어떠한 인생도 부질없고
무의미한 인생은 없다
길면서도 짧고 짧으면서도
긴 것이 인생
부디 네 앞에 주어진 짧고도 길고
길고도 짧은 너의 인생을 사랑해라
그러면 그쯤에서 멈출 수 있고
발길을 돌릴 수도 있을 것이다
아들아 너의 인내와 지혜를 믿는다
너의 이마 위에 뜬 너의 별이 너를
끝까지 잘 이끌어줄 것을 믿는다.

해변의 아이들
Niños en la playa
1908

라 그란자에서 목욕
El baño en La Granja
1907

친구

처음 만났지만
오래 만난 것 같고

오래 만났지만
새로 만난 것 같은 사람

당신을 오늘 나는
친구라 부른다.

아들에게 3

네가 나를 포기할 수 없듯이
나도 너를 포기할 수 없다.

그리움이란 말
사랑이여 조그만 사랑이여 51

그리움이란 말,
사랑이란 말들은
지구 위에 살다간 수많은 사람들이
한 번씩 두 번씩 입었다가 벗어던진
낡은 옷.
그러나 맨 처음
그리움에 눈트는 소녀와
사랑에 주눅들어가는 소년에게라면
그리움과 사랑이란 말은 얼마나
가슴 벅찬 단어들일 것인가!
손 닿을 수 없이 머나먼 무지개들일 것인가!
누구나 맨 처음 해보게 마련인 첫사랑이란 거.
누구나 맨 처음 타보게 마련인 인생이란 열차.

딸 2

아직도 나는 세상에서
너보다 더 예쁜 꽃을
본 일이 없단다.

세상에 나와 나는
사랑하는 마음 내게 있어도 72

세상에 나와 나는
아무것도 내 몫으로
차지하려 하지 않았습니다

꼭 갖고 싶은 것이 있었다면
푸른 하늘빛 한쪽
바람 한 줌
노을 한 자락

더 욕심을 부린다면
굴러가는 나뭇잎새
하나

세상에 나와 나는
어느 누구도 사랑하는 사람으로
간직해두고 싶지 않았습니다

꼭 사랑하는 사람이 있었다면
단 한 사람
눈이 맑은 그 사람
가슴속에 맑은 슬픔을 간직한 사람

더 욕심을 부린다면
늙어서 나중에 부끄럽지 않게
만나고 싶은 한 사람
그대.

엮은이의 말

저는 산문을 쓰기도 하지만 중학교에서 영어를 가르치기도 합니다. 문학이 아이들에게 미칠 수 있는 영향은 참 크다고 믿기 때문에 학기 말이면 꼭 문학 수업을 하곤 합니다. 어떤 해에는 『피터팬』이나 『인사이드 아웃』 같은 소설을 처음부터 끝까지 읽기도 했고, 어떤 해에는 주제를 정해 셰익스피어의 소네트와 희곡을 발췌해 함께 읽었습니다. 또 로버트 프로스트와 에밀리 디킨슨 등 여러 작가들의 시를 필사하며 한 줄 한 줄 마음에 새기기도 했지요.

그러나 '책'이라는 말만 들어도 인상부터 찡그리고 보는 아이들과 문학 수업을 한다는 건 쉽지 않았습니다. 모든 예술이 그렇듯, 인생을 조금 살아봐야 그 안의 뜻이 더 잘 느껴지는 법이니까요. 아직 인생의 초입에 선 아이들에게 문학은 어렵고 멀게 느껴질 수밖에 없습니다.

게다가 요즘 아이들의 문해력은 전반적으로 과거에 비해 낮아졌습니다. 비유적 표현이나 문장 간의 생략된 숨은 의미를 읽어내는 데 어려움을 겪는 것은 물론, 간단한 단어의 뜻을 몰라 묻는 경우도 많아요. 글을 읽기도 싫은데, 어렵기까지 하니 더욱 책에 쉽게 손이 가지 않겠지요.

　그럼에도 저는 문학이 꼭 필요하다고 생각합니다. 문학을 통해 앞으로 어떻게 살아가야 하는지와 자신의 감정을 어떻게 다뤄야 하는지를 배울 수 있으니까요. 수업 시간에 지식 하나를 더 알아가는 것보다 좋은 글을 읽고 올바른 가치관과 삶의 철학을 세우는 것이 10년, 20년이 지나도 아이들에게 남을 진짜 자산이 된다고 믿습니다. 그래서 늘 먼저 다양한 책을 읽고 한정된 수업 시간 안에 어떤 문장을 아이들에게 건네면 좋을지 오래 고민하곤 합니다.

　이번 책을 준비할 때도 같은 마음이었습니다. 청소년을 위한 시집을 만들기로 하고, 지금 아이들에게 어떤 말과 조언이 가장 필요할지를 오래 고민했습니다. 아이들의 이야기에 귀 기울이고, 상담을 하며, 그들의 고민을 함께 들여다보았습니다. 한정된 분량 안에서 아이들에게 가장 필요한 시들을 선별하여 아이들이 어렵지 않게 이해할 수 있는 언어로 마음을 건네고 싶었습니다. 책장이 자연스럽게 넘어가서 끝까지 읽고 싶은 책이 되었으면, 그래서 책을 좋아하게 되는 계기가 되기를 바라면서요.

　의욕이 없고 무기력한 아이들에게는 「그것을 믿어야 한다」라는 시를 통해 꿈꾸는 마음과 설렘을 심어주고 싶었고, 과거의 잘못에서 벗어나지 못하는 아이들에게는 「반성」을 통해 이제는 괜찮으니 앞으로 나아가자는 위로를, 상처로 마음을 닫은 아이들에게는 「아무리 하찮은 것이라도」를 통해 이제는 마음을 열고 다가가 보라는 용기를 전하고 싶었습니다. 서툰 사랑에 아파하는 아이들에게는

「네 손을 만지기보다는」으로 공감과 바람직한 사랑의 방향을 전하고 싶었습니다. 부모님과의 갈등으로 힘들어하는 아이들에게는 「솔바람 소리」, 「아들에게」 등으로 부모님을 이해하고 그 사랑을 다시 바라볼 수 있게 돕고 싶었습니다.

아이들이 살아가는 데 필요한 가치관을 정립할 수 있는 시도 넣었습니다. 「방관자」를 읽으면서 비겁함이 아닌 용기를 배우고, 「변명」을 읽으며 자신이 처한 환경에 만족하며 행복한 사람으로 살아가기를 바랍니다. 그리고 언제나 예쁜 말을 쓰는 다정한 사람이 되기를 바라는 마음으로 「말」이라는 시도 함께 실었습니다.

무엇보다도 이 책을 통해 아이들이 스스로가 그저 있는 그대로 충분히 사랑받을 만한 귀한 존재라는 사실을 깨달았으면 합니다. 「사랑받는 사람」 「저 혼자 아름답다」 등 여러 편의 아름다운 시에 그 마음을 담았습니다.

그러므로 이 시집은 나태주 시인님의 시를 빌려 교사로서 학생들에게 건네는 진심 어린 편지 모음집이라고 할 수 있습니다. 아이들의 마음이 조금 더 단단해지고, 건강한 생각과 감정을 품은 사람으로 한 뼘 더 자라나기를 바라며 이 책을 세상에 내어놓습니다.

2025년 가을, 아이들의 내일을 응원하는 마음으로
김예원 엮습니다.

방파제, 산세바스티안
El rompeolas, San Sebastián
1918.

나태주의 인생 시집 1
참 잘했다, 그걸로 충분하다

1판 1쇄 발행 2025년 11월 17일
1판 3쇄 발행 2026년 1월 5일

지은이	나태주
엮은이	김예원

발행인	황민호
본부장	박정훈
책임편집	최경민
편집기획	김선림 신주식 윤혜림
마케팅	이승아
국제판권	이주은
제작	최택순 성시원

발행처	대원씨아이㈜
주소	서울특별시 용산구 한강대로15길 9-12
전화	(02)2071-2019
팩스	(02)749-2105
등록	제3-563호
등록일자	1992년 5월 11일

www.dwci.co.kr

ISBN 979-11-423-3458-0 04810

ⓒ 2025 나태주/대원씨아이

- 이 책은 대원씨아이㈜와 저작권자의 계약에 의해 출판된 것이므로 무단 전재 및 유포, 공유, 복제를 금합니다.
- 이 책 내용의 전부 또는 일부를 이용하려면 반드시 저작권자와 대원씨아이㈜의 서면동의를 받아야 합니다.
- 잘못 만들어진 책은 판매처에서 교환해드립니다.